CHAU ARGENTINA

Podesta, Facundo
    Chau Argentina. - 1a ed. - Ciudad Autónoma de Buenos Aires : el autor, 2014.
    72 p. : il. ; 21x15 cm.

    ISBN 978-987-33-5746-6

    1. Ensayo Sociológico. I. Título
    CDD 306

Fecha de catalogación: 06/08/2014

Chau Argentina
Facundo Podestá
1ª Edición

© Facundo Podestá, 2014

ISBN: 978-987-33-5746-6

Editado en Argentina

Para Rosario, Benicio y Juan

*Gracias a Male por ayudarme con la edición,
corrigiéndome, lo que más le gusta.*

Contenido

Introducción

Hoy es el día del padre, domingo 15 de junio de 2014. Ya pasaron seis meses desde que empecé a escribir este libro para mis hijos y me parece que es una buena fecha para terminarlo. Varias cosas pasaron en estos últimos meses en el país que fueron confirmando todo lo que escribí y que me hacen estar cada vez más seguro de que está bueno dejarles mi mirada escrita en este formato. Y acá viene lo primero que quiero destacar antes de arrancar la lectura, esta es MI mirada. Nada de todo lo que escribo es verdad, ya que la verdad no existe, todo lo escrito son MIS interpretaciones de los hechos. Claro que estas interpretaciones tienen un autoridad especial para mis hijos, ya que lo opinión de un padre es diferente a la de cualquier otro. Esta autoridad siempre la tomé con mucha responsabilidad, sobretodo porque si no fuera así podría estar manipulando la opinión de mis hijos y esto es lo último que quiero. Lo que sí quiero es que tengan herramientas para elegir, con libertad. Esta responsabilidad y libertad me hacen sentir tranquilo que todo esto que escribo será tomado como lo que es, un conjunto de experiencias con sus interpretaciones. Cuando no son experiencias y son cuestiones históricas como lo de las Malvinas, son interpretaciones hechas para transmitir una idea, una opinión más.

En los últimos meses como dije pasaron varias cosas que me hacen sentir más tranquilo y seguro de todo lo que escribí. Ahora ya se empiezan a ver y leer cosas tales como que la corrupción es el peor de los males de la Argentina, el vicepresidente está a punto de ser procesado por un delito de corrupción, que el camino es combatir la corrupción y que la justicia no sea una herramienta manipulada por el poder de turno. Todas cosas muy obvias, que nunca pasaron y yo creo que nunca pasarán. Seguramente habrá alguna bomba de humo (¿irá preso el vicepresidente?), muchas horas de coberturas periodísticas, para que los ciudadanos "crean" que las cosas van a cambiar. Y para peor está jugándose el mundial de fútbol. La mejor de las herramientas de distracción en Argentina. El momento en que la gente se obsesiona, se obnubila, se posesiona, se apasiona, o sea, se distrae. ¡Las cosas que van a pasar durante este mes!, sobre todo si a Argentina le va bien (¿habrá una devaluación? ¿Desplazarán a algún juez que está haciendo bien su trabajo? ¿Desaparecerá alguna prueba importante en alguno de los casos judiciales que complican a la presidenta?). Lo más probable es que sí. Y lo peor es que con el fixture "regalado" que tiene Argentina, los buenos jugadores que tiene, y lo flojo que andan los rivales, hay chance de que lo gane. Igual para mí el motivo que le da más chance es que Don Julio Grondona, alias El Padrino, alias Todo Pasa, tiene 82 años, muchas chances más de ver a Argentina campeón del mundo no le quedan. Un caso muy particular de argentinos exitosos en el mundo, el tipo es el tesorero de la FIFA, maneja el dinero del futbol internacional y no habla una palabra de inglés. Ya verán bastante este tipo de aclaraciones en el texto, digo inglés como el idioma internacional de los negocios, no como la lengua que se habla en Inglaterra, no sea cosas que se me empiece a juzgar como imperialista desde la introducción.

La situación futbolística es muy representativa, siempre escuché que el futbol es un reflejo de la sociedad. En Argentina el futbol es todo, y ahora que empezó el mundial se nota más que nunca. La gente no habla de otra cosa, nada más importa, ni la inflación, ni el dólar, ni la inseguridad, ni la corrupción, ni la falta de justicia, ni nada, solo la Selección. No importa si el dólar pasa de 8 a 10 pesos (es lo que yo calculo si Argentina llega a semifinales) y la inflación está descontrolada. Pero volviendo al fútbol como reflejo de la sociedad, encuentro muchos paralelismos con lo que leerán en este libro. Por un lado, la Asociación de Futbol Argentino, el ente máximo de gobierno del futbol, está presidida por la misma persona desde 1979 (hace 35 años), Don Julio Grondona. En este momento Don Julio y el Jefe de Gabinete de la Nación, quienes manejan el fútbol, están imputados en una causa de corrupción: el presupuesto de la televisación del fútbol son unos 4.500 millones de pesos. Este negocio, el de la televisación del fútbol, es uno de los más grandes del mundo, y Don Julio por ser vicepresidente de la FIFA, lo conoce muy bien. En Argentina principalmente se usa el poder de convocatoria que tiene el futbol para hacer política, en este caso, propaganda a través de la pauta publicitaria. El uso de las llamadas "barras bravas" como fuerza de choque en la política no es nuevo y el hecho de que la mayoría de los políticos importantes tengan participación activa en los clubes de fútbol no es casualidad, me parece. Pueden estudiar los casos de Tigre, Quilmes, Deportivo Morón, Independiente, Boca, para nombrar algunos que se me vienen a la cabeza. Incluso para los mundiales las barras se organizan para tener más poder de negociación, para conseguir entradas, pasajes, viáticos, movilidad, etc. En cuanto a la fiesta popular, la reunión familiar de los domingos, nada de eso. La inseguridad, la intolerancia y la violencia hicieron que hoy a los partidos solamente puede ir el público local, o sea, la gente solo puede ir a su estadio y cada 15 días. La gente con ideas opuestas no puede convivir 90 minutos en un mismo estadio para evitar la violencia. Por otro lado, hoy lo importante es que vayan los barras, no los hinchas. Entonces en el fútbol argentino hoy encontramos: reelección indefinida, corrupción, contratos que no se respetan y manejan árbitramente, inseguridad, intolerancia y la gente común afuera de todo mirando por televisión. Es bastante acertado eso de que el fútbol es un reflejo de la sociedad, por lo menos van a encontrar todas estas cosas a lo largo del texto.

Otro de los puntos en los que veo el fútbol como reflejo de la sociedad es el éxito de los futbolistas argentinos en el exterior y el fracaso de la selección Argentina. El último torneo internacional que ganó la selección mayor fue la copa América en 1993, al día de hoy en que está en cuartos de final de la copa mundial, 21 años sin ganar. Esto no sería para nada reprochable si no fuera porque en todos los torneos siempre Argentina es candidato principalmente por la calidad de sus jugadores. Estos jugadores son referentes, estrellas y líderes en sus equipos, principalmente en el fútbol europeo, donde se encuentran las principales y más competitivas ligas del mundo. Una pregunta muy habitual es: ¿Cómo puede ser que con los jugadores que tiene, Argentina no pueda ganar ningún torneo? Jugando por separado para sus equipos, ganan torneos, son figuras, pero cuando se juntan para jugar en la selección no llegan a ganar. El capítulo 3 trata de esto.

Quiero aclarar antes de empezar que no pretendo que esto sea un libro de historia, la idea al final es dejar la puerta abierta para que investiguen, lean, aprendan por su propia experiencia y no por la mía. No les quiero enseñar nada, quiero que aprendan todo. Hay muchos personajes conocidos, otros no tanto, lo que si les aseguro es que no son inventados. Nada en este libro es inventado. Es muy difícil, casi imposible, que alguien pueda decirme "esto no es así" de algo que esté aquí escrito. Es muy posible, y bienvenido, que me digan "no estoy de acuerdo", "sos un pesimista insoportable" o "sos un nihilista nietzscheano insufrible". Todo en este libro es un conjunto de experiencias e interpretaciones de esas experiencias basadas en hechos conocidos directamente por mí, salvo obviamente las cuestiones históricas (no conozco a nadie que haya estado en las Malvinas en 1833, ni nadie que haya conocido a San Martín ni a su hija).

Mis hijos saben (o sabrán los más pequeños) que cuando digo cosas como que no quiero tener nietos argentinos no lo hago para "bajarles línea" o manipularlos para que se vayan del país. Es un deseo mío que no tiene nada que ver con el de ellos. Se puede dar o no, yo espero que sí, pero si es así será porque ellos lo eligieron. Y si lo eligen entre otras cosas espero que este libro sea una de las cosas que les abrió la posibilidad. Tal vez suene confuso, es una línea muy delgada la que hay entre la manipulación y la opinión honesta, yo en el fondo estoy seguro que este libro no es más que eso, un relato de una experiencia de 44 años de vida hecho con mucha honestidad.

El Contexto

"Cualquier cosa que diga va a ser usada en mi contra". Ese es el principio básico que siento cuando pienso cualquier cosa referente al país. Esto me lleva a tener largas conversaciones conmigo mismo que no llegan a nada ni a nadie. Ahora sí quiero que estas conversaciones lleguen a alguien, a mis hijos. Lo que quiero es transmitirles mi experiencia de 44 años viviendo en Argentina, para que tengan más herramientas a la hora de elegir su camino en la vida. Creo que es importante que los hijos aprendan de los errores de los padres.

Mis primeros recuerdos en tal sentido son los de criticar a mis padres por su desprolijidad para la administración del dinero y el cumplimiento de las obligaciones fiscales y previsionales. Claro, yo empezaba mi educación en el Colegio Nacional de Buenos Aires al mismo tiempo que volvía la democracia en el país. Mi inocencia era absoluta y total. Era una época en la que lo único que tenía que hacer era educarme, cosa que hice muy bien, y no tenía ningún contacto con la realidad, a lo sumo alguna marcha para pedir el boleto estudiantil. Después de un tiempo fui aprendiendo que es la realidad hasta que llegó Friedrich Nietzsche y me marcó: la realidad no existe, solo existen las interpretaciones. Todo lo que les escribo en este libro es lo que YO interpreto de las cosas que me pasaron a MI o a personas muy cercanas en las que confío tanto como para ponerlas en un libro para mis hijos.

En el contexto académico del Colegio, más el retorno de la democracia como punto de partida hacia un nuevo país, las obligaciones fiscales y previsionales, para mí eran fundamentales, hoy en día puedo decir que veo ingenuidad pura en mí en ese momento.

Pasó el tiempo, la Universidad, la primera hiperinflación, devaluación, crisis de gobernabilidad y Alfonsín que se va antes de la presidencia. Y así se arma el ciclo de la bipolaridad: crecimiento, Argentina potencia, argentinos viajando por el mundo, el "deme dos", inflación, hiperinflación, crisis de gobernabilidad, el presidente se va. Desde el punto de vista científico este proceso como todo se va depurando y mejorando, o mejor dicho se va haciendo más *eficiente* porque en realidad no mejora para nadie salvo para unos pocos. Lo que yo llamo la **corporación dirigente**.

En mis 44 años de vida ya pasaron: una guerra civil, una guerra contra una potencia mundial apoyada por la primera súper potencia mundial y ya vamos por el cuarto de estos ciclos. Y siempre en un marco de enfrentamiento, violencia y muerte.

Este dialogo se produjo en el ascensor de mi edificio hace unos días (Febrero de 2014) viajando con uno de mis vecinos:

Vecino: *¡Que lento es este ascensor!*

Yo: *Si viste, y yo que voy al 13 es como una eternidad.*

Vecino: *Me acuerdo que cuando vine a ver el departamento, yo vivo acá desde el principio, estaba terminándose y me acuerdo que pensé "que insoportable este ascensor".*

Yo: *¿Si? ¿Cuántos años tiene el edificio?*

Vecino: *Y estaba por nacer mi hija mayor que ahora tiene 37, más o menos eso, 38. Decí que agarré una época de mucha inflación, devaluación, un lío bárbaro, pero hice un negoción la verdad.*

El vecino se bajó y yo me quedé con la sensación de siempre pero como si me hubieran puesto un cartel de luces de neón enfrente de la cara: ¡ESTO NO VA A CAMBIAR NUNCA! Para darle contexto a esta sensación les recuerdo que un mes antes de mantener este dialogo, hubo una devaluación oficial (en el mercado negro ya se había dado hace rato) y un reconocimiento por parte del gobierno de que la inflación era un problema (esto también a nivel oficial porque a nuestro nivel mortal hace años que venimos sufriendo la inflación). Haciendo unas cuentas mentales rápidamente me di cuenta que el período al que se refería el vecino es el "Rodrigazo". Profundicen más luego en que fue el "Rodrigazo", por ahora y para resumir, fue una mega devaluación en un período de altísima inflación, ¿les suena?

Otro dialogo que se me viene a la mente es uno que escuché hace unos meses entre dos repositores del supermercado de la vuelta de casa, un hombre y una mujer, mientras compraba fruta:

Repositor: *Y ahora va a explotar todo otra vez*

Repositora: *Es increíble como suben las cosas, yo no entiendo nada pero es mucho, la plata no alcanza*

Repositor: *Si, y se va a armar quilombo. Dicen que no tanto como en el 2001, yo escuché que esto era más parecido a lo de Alfonsín que a lo de De la Rua.*

Es como que además de la sensación de que NUNCA NADA VA A CAMBIAR, me surge la pregunta: Pero si en todos lados la gente opina y sabe cómo son las cosas, ¿por qué NADIE HACE NADA?

Y ahí viene la famosa frase: los pueblos tienen el gobierno que se merecen. Entonces acá me pongo a pensar ¿qué es primero el huevo o la gallina? (dos frases famosas en el mismo párrafo ¿no será mucho?). La respuesta a este interrogante es lo que me trae a escribir esto a mis hijos: para mí, la mejor opción es Ezeiza.

Suponiendo que la primera frase es cierta, la segunda pregunta no tiene respuesta, o tiene miles, la mía es el sistema de gobierno de la Argentina es perverso. Partiendo de la base de que no existe el modelo perfecto, lo que sí puedo asegurarles es que, para mí, el de este país no sirve. Acá es donde me amparo en la primera frase de este escrito. Si yo digo esto públicamente o en una reunión de amigos o en una mesa de almuerzo en el trabajo, soy un "gorila antidemocrático golpista". Porque así es la bipolaridad Argentina: o sos peronista o anti peronista, demócrata o golpista, unitario o federal, de River o de Boca, de Newells o de Central, de Gimnasia o de Estudiantes. No hay grises, somos pasionales como los italianos, porque en realidad nosotros descendemos de los barcos. Una vez escuché una muy buena definición: *un argentino es un italiano que habla español, se viste como francés y quiere ser inglés*. Esto se podría interpretar por lo menos de dos maneras: una mezcla muy interesante de culturas o alguien sin identidad propia.

Este punto es otro que tengo en la cabeza hace un tiempo, la inmigración de las dos post guerras mundiales, esas guerras que cambiaron la historia moderna del mundo occidental. La inmigración de nuestros abuelos o bisabuelos, tipos que vinieron en un barco al fin del mundo sin nada y con todo al mismo tiempo. Sin nada porque no tenían ninguna posesión y con todo porque se tenía a ellos mismos, su confianza, sus ganas de rehacer sus vidas y su capacidad de trabajo y de generación de recursos para vivir. Lo que me estoy preguntando ahora es ¿dónde quedó esa capacidad de trabajo? ¿Dónde están los tipos que sin nada se ponen una panadería en Villa del Parque y se compran el terreno, la casa, la casa de los hijos, la casa de los nietos?

"Hoy la industria del juicio y de la carpeta médica están instaladas en Argentina. Nosotros tenemos un departamento de legales y no tenemos departamento de recursos humanos". Estas son palabras de un director de una empresa argentina que se dedica al negocio de los call centers, que tiene muchos empleados jóvenes, para casi todos es su primera experiencia laboral. En esta empresa los problemas legales que generan los empleados son tantos que la empresa decidió no invertir en un departamento de recursos humanos que se encargue del cuidado y desarrollo de los empleados. En su lugar contrataron a un equipo de abogados para que manejara la gran cantidad de cartas documentos y demandas generadas por los empleados y la industria generada a su alrededor. Es más importante hacer una demanda y esperar sacar alguna compensación económica, que trabajar para ganar ese mismo dinero productivamente trabajando. Cabe aclarar que, según lo que me contó este ejecutivo, es mucho menor el beneficio económico de una demanda, sin contemplar el tiempo y dinero perdido en el camino, que el dinero que se puede ganar trabajando. De todas maneras la cultura actual del no trabajo es la que gana.

Y acá es donde, si digo todo esto en público, me tildarían de: nazi, represor, asesino, porque otra vez o sos una cosa o sos lo contrario, sin término medio. No existe la capacidad de dialogo en el que se pueda tener una discusión sociológica de como a partir de la Constitución (*"para nosotros y nuestra posteridad y para todos los hombres del mundo que quieran habitar el suelo argentino"*) pasamos de los inmigrantes europeos a la fuerte componente latinoamericana que tenemos hoy. Lo ponga así o lo ponga de cualquier manera, ante esto recibiría el abucheo general y alguien me compararía con Hitler. No voy a decir lo que pienso de Hitler lo único que les digo es que yo creo que en su loca enfermedad fracasó por no ser argentino, o por no haber leído como fue la conquista del desierto o la guerra con el Paraguay. Si hubiera seguido el ejemplo argentino podría haber cumplido su objetivo atroz de eliminar una raza, reclutándolos y mandándolos a pelear al frente ruso. ¿Nunca se preguntaron por qué no hay negros en Argentina? Pero bueno, por lo menos luego de la derrota la Argentina le sirvió, no se sabe a ciencia cierta si a él personalmente, pero si a muchos de sus secuaces.

Otra cosa, ¿es necesario que aclare que tenemos familiares latinoamericanos, amigos íntimos latinoamericanos, amigos viviendo en países latinoamericanos? El problema no es la inmigración latinoamericana. Ese es un fenómeno global que se puede ver muy claramente en los Estados Unidos donde la comunidad latinoamericana tiene cada vez más influencia, presencia y poder. Por ejemplo, una jueza de la Corte Suprema de Estados Unidos se llama Sonia Sotomayor.

El problema es que las condiciones argentinas generan esta corriente migratoria de gente que viene a atenderse a los hospitales argentinos, tienen familia y se instalan en búsqueda de algo mejor. El contexto de los países latinoamericanos vecinos no es el mejor claramente, si las condiciones en las que viven hoy los inmigrantes aquí son mejores para ellos. El hecho de que sean vecinos es la clave, a los pobres africanos o asiáticos no les queda muy cómodo venir a atenderse a un hospital argentino. Hoy en día se reciben pacientes de Paraguay que prácticamente no se pueden mover del dolor, después de horas de viaje en micro, con una orden escrita a mano que dice "derivar a Argentina". Y no digo que esto no hay que hacerlo, lo que digo es que habría que tener una política, una administración apropiada de recursos, para poder atender esos casos, pero también poder atender a los argentinos que muchas veces tienen más necesidades que los extranjeros. Y no estoy hablando de los que pagan impuestos porque esos tienen cobertura de medicina privada, esos somos privilegiados. A mi igual me parece bastante injusto tener que pagar (muchos) impuestos y ante la ausencia total del estado tener que pagar educación, salud y seguridad privada. Pero claro, eso sería pedirles a los políticos que trabajen seriamente y de eso se trata este libro, eso es una utopía.

Claro, para vos mientras vengan de Europa está bien ¿no? ¡Gorila! (casi como que lo escucho).

La inmigración no es mala palabra, es más muchas veces es necesaria, como lo fue en la época de la post guerra. Lo que yo creo que estamos sufriendo hoy es casi una invasión, no una inmigración, porque es por la fuerza, pero no es ilegal. La Constitución lo dice. Cualquiera puede venir al país, usar el sistema público de salud para parir y volverse a su país de origen, pasando por supuesto por la oficina del Registro Civil correspondiente para iniciar el trámite del Documento Nacional de Identidad, o DNI, del recién nacido. Y todo esto sin pagar un solo peso, o solamente pagando el pasaje en micro. Eso por más injusto que parezca es legal pero claro, cambiar la Constitución para esto no se justifica si no hay una posible re re re re elección. No solo eso sino que esto también es parte de la perfección del sistema porque ese DNI que obtienen gratis (bueno no es gratis, cuesta $35), es un voto dentro de 18 años. Eso si hay que formarlo, educarlo en sistema público gratuito de educación, darle vivienda gratis en algún lugar del conurbano bonaerense o en alguna villa de la Capital, y así asegurar la base del 35% de los votos que les asegura la perpetuidad. Un sistema perfecto. Lo paradójico es que nunca se escucha a un político hablar de un proyecto de país a más de 8 años en el futuro (y 8 es mucho). Nunca nadie habla de cómo va a ser la Argentina en 2034. Es claro, ellos ya saben cómo va a ser. Yo creo que también: *igual que ahora*. Van a haber pasado, 2 o 3 devaluaciones, 2 o 3 períodos de alimentar al mundo con nuestro campo y miles y miles de televisores comprados en Miami o Santiago o Lima. Y los argentinos formados, educados, con recursos para distinguir y elegir, viviendo en esas ciudades. En los últimos meses tuve conocimiento directo de tres familias que emigraron a Chile, una a Miami, un joven profesional a Perú y dos ejecutivos de dos corporaciones importantes a Colombia. Y estos son casos conocidos por mí en los últimos meses, puedo sumar varios de los últimos años.

¿Educación solo para los que la pueden pagar? Sos un gorila de lo peor. A esto solo aclaro que toda mi educación fue pública y gratuita. Y uno de mis hijos va a una escuela pública.

La educación es uno de los aspectos que más se deterioró en los últimos años, y se sigue deteriorando porque es clave en el funcionamiento del ciclo perverso del modelo político. Cuando digo educación me refiero por un lado al sistema educativo, que se puede medir con estadísticas oficiales, internacionales, que viene perdiendo calidad aceleradamente y que entró en un espiral descendente del que no va a salir. Los maestros de los chicos hoy son producto de ese modelo de pérdida de calidad y está produciendo los maestros y dirigentes del futuro, en un sistema de menor calidad, un ciclo destinado al fracaso, o más bien a producir masas fácilmente influenciable y sin capacidad de pensar, discernir y por sobre todo "elegir". Por otro lado, me refiero a la educación de la gente, en el día a día, el componente de la educación que se aprende en la casa. Esa que se ve en la calle, en el trabajo, en la cancha de fútbol. Hace tiempo ya que palabras como "Permiso", "Gracias", "Perdón", "Disculpe" no se escuchan más. Y ya no existe más otro concepto clave como el "Respeto". Esta educación es la principal para mí, la que aporta el estado con el sistema educativo es complementaria. Hoy ambas están en vías de extinción. Incluso la educación privada a la que solamente la élite con ingresos altos puede brindar a sus hijos (ingresos muy altos debo aclarar) está deteriorándose. Se percibe en los casos conocidos por el entorno (tengo una hija en un colegio de esta élite, además de que mi mujer se dedica a trabajar con alumnos de este sector social); se ve en los resultados de las pruebas internacionales. Hoy la educación privada en Argentina está por debajo de los países vecinos, Chile, Uruguay y Brasil. Hoy la gente que puede pagar esa educación privada está formando futuros dirigentes, empresarios, médicos, ingenieros, que estarán en inferioridad de condiciones competitivas frente a sus pares de Chile, Uruguay y Brasil. Se está formando un país que va a estar en inferioridad de condiciones, punto.

Esto va más allá que la discusión entre educación pública y educación privada, como dije anteriormente, para mí el sistema educativo es complementario a la educación de los padres. En el caso de la elite económicamente acomodada, por uno u otro motivo, esta segunda educación prácticamente no existe, lo que hacen es simplemente una tercerización, yo pago y que lo haga otro. Y la educación de los hijos no es algo que se puede delegar ni en la mejor institución ni en la más cara, es algo de lo que hay que hacerse cargo de por vida. Bernardo Houssay y Mario Firmenich estudiaron el mismo colegio secundario (sí, en EL Colegio). Si el colegio fue el mismo, me parece que las familias Houssay y Firmenich fueron la diferencia.

"Lo que han hecho con la cultura argentina es el efecto bonsái, ¿vos sabes cómo se hace un bonsái? Se le van cortando las raíces para que no crezca, quedan divinos pero no son lo que hubieran sido sin la intervención externa. Eso es lo que hicieron con la cultura argentina". Este es el pensamiento de un taxista, de esos típicos de Buenos Aires. Los hay directores técnicos de fútbol, ministros de economía, en este caso me tocó un filósofo que me dejó una imagen muy precisa de lo que estoy tratando: la manipulación de "la cultura" como decía él, de "la educación" como digo yo.

La revelación

Otra de las cosas que me estoy preguntando hace ya un tiempo es cómo puede ser que haya argentinos destacándose por todo el mundo. Desde el mejor futbolista del mundo hasta el Papa, pasando por artistas, directores de cine, científicos, empresarios, menos políticos creo que los argentinos se destacan en todas las áreas (sin contar en esto a la Reina de Holanda que no es política, y es argentina, o era, porque tuvo que renunciar a la ciudadanía argentina para asumir, en realidad se dice "ser entronizada"). Por mucho tiempo estos ejemplos me llevaron a pensar que en el fondo algo bueno debía haber en Argentina para generar esos talentos, algo genético, la famosa mezcla de culturas, el crisol de razas. Nada de eso. Y me lo hizo ver el Papa, quien es, de todos, el que a mí me parece el ejemplo máximo de los argentinos que se destacan el exterior. Y este se destaca en serio. Además de ser el líder de la Iglesia, de los 1200 millones de fieles, de todo lo bueno y de todo lo malo de la Iglesia, el tipo está ahí en Roma, al mando de todo y es argentino. Desde un punto de vista más arriba no se puede llegar (depende de Dios directamente), desde otro si hubiera un ataque extraterrestre en el comité de emergencia para la defensa de la humanidad el tipo se sentaría con el Presidente de Estados Unidos, la Reina de Inglaterra, el Presidente de China, la Canciller de Alemania, el presidente de Rusia.........y dos o tres más, nada más. El tipo es LA personalidad del momento, todo el mundo lo quiere, está asombrado de la transformación que está llevando adelante en la Iglesia y hace poco más de un año estaba tomando el subte en Buenos Aires para ir a ver a San Lorenzo. Y lo que me hizo ver el Papa es que yo estaba equivocado. No es que hay algo especial en los genes argentinos. La gran pregunta que se hace la gente que lo conoce y la revista que sacó una tapa con sus dos caras (la mitad cuando era Arzobispo de Buenos Aires, la mitad actual como el Papa Francisco), es: **¿por qué ahora se ríe y antes no?** ¿Qué fue lo que transformó a esta persona en lo que es hoy? Pasó de negro a blanco. De triste, enojado y serio a alegre, sonriente, carismático y simpático. Rejuveneció diez años dicen algunos. Para mí la respuesta es clarísima ahora. ¡SE FUE DE ARGENTINA! Eso es lo que tienen en común Messi, Ginobili, mi amigo Horacio A, Del Potro, mi primo Rodrigo, el Papa, Eduardo L, Máxima, la presidenta de Oracle de Chile, Bruno Gelber, mi amigo Juan M (y la lista puede continuar). No es que tienen algo en especial en su genética. Cambiaron de contexto, son personas que viven fuera de este contexto enfermo, violento, sin respeto, sin educación, perverso (y la lista puede continuar) y para mí, sin remedio. Y ahí está el para que de este libro. Para ayudar a mis hijos a darse cuenta que tienen que cambiar de contexto, tienen que irse a lugares que les permitan brillar, desarrollarse, disfrutar, trabajar, formar una familia, lugares con justicia, respeto (y la lista puede seguir).

En Argentina hay gente. Común, buena, mala, gente. Nada de genes especiales. Hay gente inmersa en un contexto que no le permite brillar. Y ese contexto está perfectamente manipulado por la corporación dirigente. Hay gente humilde que trabaja y progresa gracias a su esfuerzo como Margarita. Gente con vocación de enseñar a pesar de todo como Antonia. Lo injusto es que mientras la corporación vive la vida fácil, ellas no brillan. ¿Cómo sería Antonia en

Finlandia? No sé, lo que si se es que sería reconocida como corresponde por quien es, por su esfuerzo, su trabajo y su vocación. Y no tendría que estar haciendo paro para que un grupo de políticos y sindicalistas (que en definitiva son socios en la corporación) manejen todo a su antojo y viven como reyes (Nota: en medio del conflicto de los docentes un sindicalista fue fotografiado mientras paseaba por Roma). ¿Cómo sería Margarita en Inglaterra? No sé, pero seguramente sería más sana porque podría atenderse a tiempo de sus problemas de salud en un sistema público que funciona. Y podría ir a trabajar cómoda en un sistema de transporte público que funciona.

Acá viene el *"ves que sos un pro imperialista inglés y nazi finlandés"*. No es casualidad que haya elegido Finlandia e Inglaterra, ambos países reconocidos y respetados, a nivel mundial, por su sistema educativo (Finlandia) y sus sistemas de salud pública y de transporte público (Gran Bretaña).

¿Hay más gente honesta? Claro que sí, y son la mayoría. Conozco mucha gente honesta y trabajadora. Compañeros de trabajo que tiene una casa en un barrio privado y una camioneta 4x4, todo ganado trabajando mucho y honestamente. Uno de nuestros vecinos trabajó en el Gobierno y vive en el mismo edificio que nosotros, paga las mismas expensas y tiene un auto más viejo que el nuestro en la cochera de al lado. No todos los empresarios, los políticos o los dirigentes son corruptos, no todos son parte de la **corporación dirigente**.

El marco

La pobre Constitución, que es modificada cada vez que algún grupo dirigente lo necesita, los militares que la dejan sin efecto y los demócratas que vienen después la restituyen, fue creada inspirada en lo mejor del momento: la constitución de Estados Unidos, las ideas republicanas europeas de Montesquieu y las ideas de Juan Bautista Alberdi. Después claro, vinieron las reformas. La de 1949 es una reforma donde se empieza a enmarcar un rumbo (no EL rumbo) de beneficios sociales y reelección indefinida del presidente.

"Ya está, sos antiperonista, si hablas de la reforma del 49 así sos antiperonista" me dijo un amigo cuando le conté que estaba escribiendo este libro y en particular cuando le contaba como la reforma del 49 era un hito importante (sin juicio de valor, basándome en el hecho de que en ella se introduce la reelección indefinida). Sos de River o de Boca?

No es que crea que las reformas y cambios no sean necesarias, por supuesto que es necesario actualizar los marcos regulatorios, las leyes, las normas, los procedimientos. Los tiempos cambian, la gente cambia, entonces es necesario y razonable que las leyes cambien. No se puede juzgar un crimen con un reglamento de cien años de antigüedad (el código penal argentino es de 1917), pero estas modificaciones se hacen como secundarias al principal propósito de la reforma por parte de los políticos: la reelección. La última reforma constitucional fue muy necesaria pero permitió que asumiera un presidente con el 22% de los votos. Claro, es la ley y no existe el modelo perfecto, pero tener que llegar a que un político llame por teléfono a la casa de una jueza para preguntarle cómo seguir porque ya habían renunciado todos los presidentes (él último fue el Presidente de la Cámara de Diputados), ¿no será mucho? Por suerte, este político asumió la presidencia después de una Asamblea Legislativa para convocar a elecciones y entregar el poder al del 22% de los votos.

Desde mi punto de vista el problema no está en el modelo, la ley, la constitución sino en los encargados de ejecutar lo que las mismas dicen. Y como no son perfectas, lo hacen buscando lo más conveniente para ellos. Nuevamente el huevo y la gallina y los pueblos teniendo los gobernantes que se merecen. ¿Por qué deberíamos pensar que los políticos actuarían diferente a lo que actúan los ciudadanos en el día a día? Desde el ejemplo del tránsito por la calle hasta las compras del estado, lo importante es sacar una ventaja. Si el límite en la caja del supermercado es 15 unidades y yo me quiero llevar 19, me haces un ticket de 15 y otro de 4. O si el límite para comprar papa es 3 kilos (esto me pasó hoy 8 de febrero de 2014, sí, hay límite para comprar papas) y necesitas 8 kilos para el asado haceme tres tickets y listo. Yo me pregunto: ¿las reglas para que están? Así es la gente por la calle, *"no me encierres con el auto porque yo te encierro más, ¿no te das cuenta que soy más argentino que vos?"* Hay huelga de policía entonces podemos saquear, se volcó un camión de limones en la autopista, vamos a buscar y hacemos limonada toda la semana. Ni hablar cuando el camión llevaba cerveza o fernet. ¿Qué clase de persona tiene un espacio de estacionamiento exclusivo en la puerta de su departamento en la calle Arenales porque su marido es discapacitado y una vez muerto el marido sigue estacionando ahí? Hay mucha gente sin ética y escrúpulos, pero seguir estacionando en ese lugar exclusivo para poder seguir alquilando su cochera dentro del edificio, para mí, es mucho. En resumen no hay respeto por la ley, las normas, los procedimientos. No hay respeto. No hay ética. No hay honor. Acá seguramente vendrá el típico *"¿vos te pensás que en Europa no hay gente así?"* para justificarse y ensuciar al otro (típica actitud argentina). Primero diría que yo estoy hablando de la Argentina y no me importa como es la gente afuera. Segundo que seguramente hay mucha gente así en todos lados, lo que no hay es aceptación por parte del resto de la sociedad, ni justificación, y seguramente hay castigo para alguien que no cumple con las normas. Hay un miembro del Parlamento en un país europeo que una vez descubierto en falta por el manejo de los fondos que se le asignan para vivir mientras está en la Capital, renuncia, pide disculpas y devuelve el dinero. No sé cuál de las tres actitudes parece más de ciencia ficción en Argentina. En ese mismo país hay una mujer que vive de un subsidio del estado porque dice que tiene agorafobia (miedo a los espacios abiertos) y por eso no puede salir de su casa. Resulta que durante años se la pasó viajando a costas de ese dinero y hasta tenía una empresa turística en Argentina (esto es verdad, pero esta vez es casual, podría haber sido cualquier país….. ¿Podría?… bueno no sé, no es el punto igual). Esa mujer está presa y siendo juzgada por estafadora del estado.

Hay otros lugares en el mundo donde las leyes se respetan y se hacen respetar. Las dos cosas fundamentales para que una sociedad funcione y que en Argentina no se dan. Ninguna de las dos. Hay otros lugares en el mundo donde la gente puede desarrollarse y brillar al mismo tiempo que viven una vida. Dos cosas que en la Argentina no se dan, ninguna de las dos.

Y acá viene otro gran tema del que no se puede hablar, sobre todo en estos últimos años porque ahí sí que te linchan. La represión. Como hubo una guerra civil con toda las cosas espantosas que una guerra trae y una de las cosas más sucias de esta guerra fue la persecución, la tortura y la muerte por parte de un gobierno ilegal, que reprimió grotescamente y sin moral (eran argentinos en definitiva), hoy no existe la represión. Cuando yo impongo una regla y alguno de mis hijos no la cumple, lo reprimo. ¿Soy un asesino de lesa humanidad por eso? Creo que no. Si un policía arresta a un ciudadano que está destruyendo, robando, saqueando y lo hace con la violencia necesaria ¿es un represor ilegal? No, está defendiendo la ley. Otro círculo vicioso: no hay ley, la gente hace lo que quiere, la policía no reprime y así seguimos. Muchos hemos tenido la experiencia de estar atrapados en algún embotellamiento porque diez personas queman gomas cortando la ruta pidiendo un subsidio de 50.000 pesos y miles de personas quedamos perjudicadas mientras la policía no hace nada, nadie nos defiende en nuestro derecho a transitar libremente por el país. Acá por exigir esto sí que me lincharían al grito de fascista. En la Argentina no hay nadie que respeta la ley y no hay nadie que la haga respetar.

Una vez se me ocurrió investigar un poco sobre el fascismo y me quedé sorprendido. Es un movimiento nacido en Italia entre las guerras mundiales y está basado en el hacer (de ahí el nombre, de *fasce* que quiere decir "hacer" en italiano). Fue un sistema político totalitario basado en la fuerte figura de una persona que aplicaba un fuerte sentido nacionalista en el que se fomentaba el victimismo y el revanchismo, con una economía dirigista y un papel preponderante y proteccionista del estado, todo esto promovido por un fuerte aparato de propaganda. El resultado de este modelo es la violencia. Yo dije que Hitler no leyó historia argentina, lo que sí me parece es que varios políticos argentinos leyeron a Mussolini, calculen que este movimiento existió en Europa diez años antes de la reforma constitucional del 49. *¡¡¡¡GORILA!!!!*

La última dictadura militar (1976-1983) fue un período muy triste durante el cual, a los habituales ciclos económicos se agregó una lucha armada entre argentinos. Para mí eso es una guerra civil, en la que murieron muchas personas y hubieron cosas horribles como gente torturada y desaparecida, y robo de bebes. Desde el regreso de la democracia, en 1983, siempre estuvo el tema de juzgar a los militares por los crímenes de esos años, se hicieron juicios, se decretaron indultos y leyes especiales. Bien a la Argentina, hago una ley, viene otro y la borra, necesito un arreglo en una ley lo hago porque si no quedo mal con tal sector del poder, lo más triste es que en este caso se trataba de vidas de argentinos perdidas en manos de otros argentinos. Y la perversidad del modelo dirigente hace que nunca hablen de eso, sino más bien, hacen lo que les conviene para poder seguir en el poder. Si hay que indultar a los militares y a los líderes de los montoneros, los indultamos, si hay que enjuiciar a los militares, los enjuiciamos, pero no podemos juzgar a todos porque los de bajo rango debían obedecer a los jefes entonces hagamos una ley y pongamos punto final a este tema. Después viene otro que le pone punto final a la ley de punto final. Estaría bueno poder poner punto final y mirar para adelante, pero siempre viene uno nuevo que necesita algo entonces arma todo el circo, traen la historia a primera plana, hacen a los militares descolgar los cuadros de los presidentes de esa época, y todo ¿para qué? Para ganar popularidad, porque conviene al discurso, ganan votos y manipulan a los más jóvenes. Y otra vez al extremo, descuelgan los cuadros de los represores y si alguien entra hoy a una oficina de alguna dependencia militar donde se fabrican las cosas militares, encuentra los cuadros de San Martín y Belgrano en el piso y el de la presidenta en su lugar. Siempre al extremo. No es curioso que en ese tiempo se hablara de "extremismo", la Argentina es así: de River o de Boca. Lo lamentable es que en este caso murieron muchas personas por ese enfrentamiento. No estoy diciendo que hay que olvidar la historia, hay que aceptarla y aprender de ella, no manipularla para la propia conveniencia del modelo.

Una reflexión muy interesante que leí hace poco es que el exterminio del proceso militar produjo la desaparición de una potencial clase política que hoy podría estar en el poder. Las presidentas de Brasil y Chile y el presidente de Uruguay fueron participantes activos de la oposición a los regímenes militares en sus países. Hoy están al frente de sus países y lo están haciendo con bastante más éxito que sus pares argentinos. Más allá de las críticas, de no estar de acuerdo con el uso que hicieron de la violencia, hoy se adaptaron y no por haber cometido errores en el pasado fueron desterrados. En el fondo, como sus pares argentinos, buscaban el bienestar de su país (¿equivocados en la manera tal vez?). Tuvieron la posibilidad de cambiar, la tomaron y están conduciendo sus países (por eso lucharon en el pasado). Como todo en Argentina, se fue al extremo y se exterminó a esa clase de futuros posibles dirigentes. Y acá se me viene la pregunta: Entonces los dirigentes actuales (y estos últimos que tanto hablan de esa época) ¿dónde estaban? Según ellos, combatiendo. Acá me permito dudar y recuerdo a un ex compañero de trabajo, hijo de un mayor del ejército que murió en un enfrentamiento donde murió también un conocido miembro del ERP en 1976, que me dijo que los montoneros auténticos mordían la pastilla de cianuro antes que caer en manos del ejército. Que había un gran respeto entre los militares para con ellos como combatientes. Si de verdad eran montoneros no estarían haciendo alarde de eso, hubieran dejado todo, hasta la vida.

Una guerra muy triste

Mi recuerdo de la Plaza de Mayo llena de gente con banderas argentinas está asociado a dos situaciones: un mundial de fútbol y la guerra de Malvinas. El día que se invadieron las islas yo estaba en séptimo grado, en la primaria, y la exaltación era grande. La gente estaba como si se hubiera ganado un mundial de fútbol. Nunca me voy a olvidar de la señorita Aida quien nos dijo: "no hay nada que festejar".

Lo primero que quiero aclarar es que este tema es muy triste para mí principalmente por los casi 1000 seres humanos que murieron en esa guerra (649 argentinos, ya saben que tengo mucha memoria para los números, ese número lo tengo muy grabado, no necesito buscarlo en google). Este número hay que duplicarlo si tenemos en cuenta los suicidios posteriores de los ex combatientes. También hay que agregar a las familias de estas víctimas. La única explicación que encuentro a la guerra es que es un negocio muy grande, el más grande del mundo tal vez, pero eso es tema para otro libro. Pero a esta guerra no la puedo explicar, lo único que pude hacer, fue investigar, leer y estudiar.

Para empezar lo primero que recuerdo es el mapa del manual de la primaria, los mapas con división política, con el mar celeste clarito que bordeaba las islas, porque están dentro de la plataforma submarina, por eso están dentro del territorio nacional. Tuvo que llegar la facultad y que mi novia estudiante de derecho cursara derecho internacional para aprender que el mar territorial llega hasta las 12 millas. Las islas están a 264 millas de la costa argentina (de este número no estoy tan seguro, googleenlo, lo que si estoy seguro es que son más de 12) con lo cual las islas están afuera del mar territorial argentino. Después viene el mar patrimonial, hasta las 200 millas (las islas tampoco están ahí) en el que la explotación económica es exclusiva. Acá fue que me dí cuenta que el famoso "las Malvinas son Argentinas" no es válido, no tiene ningún sustento legal. Acá vendrán las acusaciones de imperialista inglés. Nótese que nunca hable de Inglaterra en este punto, no me importa de quien son las islas, soló investigué por qué tuvieron que morir 2000 personas por esa guerra y tantas familias tuvieron que sufrir la pérdida de sus hijos, de sus padres, de sus tíos, de sus sobrinos, etc. A esta altura ya entendí que esto era, una vez más, una gran mentira de la corporación dirigente, muy cruel, tal vez la más cruel, para mí. Tanto los militares que mentían con los mapas que nos mostraban en la primaria y emprendieron la campaña en sí, como los que siguen usando el tema de las islas para llamar la atención de la gente y sacar rédito político, todos usan el sentido patriótico de la gente que ellos mismos crearon en base a una mentira. Todos los años el gobierno de turno se presenta ante la ONU y reclama que Gran Bretaña no respeta la resolución 2065 y sale en la tapa de los diarios y sube su imagen positiva porque ante la sociedad está defendiendo los derechos y los intereses de la patria. Lo que no dicen es que la resolución 2065 de la ONU de septiembre de 1965 invita a Gran Bretaña y a Argentina a negociar el futuro de las islas teniendo en cuenta los intereses de los habitantes de las mismas. Y acá empieza un debate interminable (viene desde 1965) de si se debe tener en cuenta el derecho de autodeterminación y si dos entidades extranjeras deben decidir sobre los intereses de terceros. La Argentina dice que una población impuesta por la expulsión de otra no puede tener autodeterminación y acá nos vamos mucho más atrás en la historia, a 1833 y la famosa usurpación inglesa.

Acá empiezan múltiples interpretaciones de lo que pudo haber pasado, ahora bien, surgen muchas preguntas para hacernos. Hay que estudiar la situación de los pobladores de las islas bajo el dominio de Luis Vernet. Vernet y su socio Jorge Pacheco consiguieron una concesión de tierra en las islas por parte de Buenos Aires pero no recibieron ningún rango oficial, en resumen, explotaban la tierra, no la gobernaban.

La empresa comercial fracasó y las condiciones de vida de los trabajadores eran muy pobres, tanto que cobraban en una moneda papel propia impresa por Luis Vernet (si, un argentino, en realidad Vernet era nacido en Alemania, imprimiendo papel moneda sin respaldo, las cosas no son porque si, los Patacones no fueron un invento del siglo XXI) y que solo podían usar en los almacenes de Vernet. Lo que no cuentan los manuales de la primaria es que cuando los ingleses les ofrecieron monedas de plata a los gauchos, se quedaron libremente por elección, no fueron expulsados. Los residentes que partieron (uruguayos y brasileños) lo hicieron por voluntad propia, no fueron expulsados. A los que si combatieron fue a un grupo que había sido enviado por Buenos Aires tres meses antes ante la amenaza que habían generado los norteamericanos en 1832 cuando enviaron un buque de guerra a proteger a sus buques en ruta hacia y desde el Pacífico ya que Vernet había capturado varias naves norteamericanas pescadoras de focas. Ellos fueron los que se llevaron a los colonos europeos, un empleado británico de Vernet y algunos esclavos.

Las islas tienen su historia, no se sabe muy bien quien las descubrió, se sabe que los primeros pobladores fueron holandeses, fueron ocupadas por franceses (de ahí viene el nombre Malvinas), británicos y españoles alternativamente hasta que llegamos al famoso Vernet que fue enviado por el gobierno de la provincia de Buenos Aires (no de Argentina, que estaba en plena formación todavía). No hay que olvidarse del papel fundamental de los norteamericanos que fueron los que se llevaron a la población, quemaron la pólvora y destruyeron las armas de Vernet en 1832. Esta acción fue la que generó el envío de las fuerzas británicas que en 1833 ocuparon las islas, manteniendo parte de los gauchos trabajadores del ganado, pagándoles con moneda de verdad.

¿Esto es lo que pasó realmente? Imposible saberlo, solo es una posibilidad. Existen diferentes interpretaciones, múltiples fuentes de información. Lo que a mí me produce todo esto es mucho enojo porque entiendo que todo lo referente a las Malvinas está manipulado por el poder. En realidad ya nada me sorprende de la perversidad del modelo pero en este caso, con tantas muertes totalmente injustificadas, según mi interpretación, me parece que además de perverso es cruel e inmoral. Y el hecho de que lo sigan usando como si nada me lo demuestra. Lo único que les importa es ganar elecciones, y siempre queda bien, y les suma, hablar de las islas, de como reclaman los derechos soberano sobre nuestro territorio, porque las islas son "nuestras".

Para mí las islas no son "nuestras". No sé de quién son y no me interesa. Lo que me parece es que por respeto a los muertos y todos los que sufrieron directamente por la guerra, algún día algún político debería decir estas cosas y se debería dejar de tratar el tema como que la Argentina es la víctima de algo que no es cierto. Además podrían usar el tiempo para cosas más importantes para la gente para la que gobiernan, pero claro, probablemente esto sería perder una herramienta que suma popularidad en momentos difíciles y que sirve para distraer a la gente cuando la cosa se complica. También podrían sentarse a negociar el futuro de las islas como dice la resolución de las Naciones Unidas que ellos mismos usan como base del reclamo (llega un punto en el que este tema marea y confunde y yo creo que es lo que pretende la corporación dirigente). Claro que si el futuro de las islas incluye a los habitantes de las mismas que en 2013 votaron un referéndum en el que el SI (seguir como territorio británico de ultramar) sacó un 99,83%, solo hubo 3 votos por el NO, el reclamo argentino está complicado ¿no? O podrían sentarse a negociar la explotación económica de los recursos y establecer relaciones comerciales como lo hacen nuestros vecinos uruguayos (mientras escribo esto en febrero de 2014 hay una delegación diplomática de 4 diputados uruguayo que busca establecer relaciones comerciales con las islas).

Esto nuevamente sería aceptar la historia, entenderla y mirar para adelante, pero no van a encontrar a nadie en la corporación dirigente que le interese mirar para adelante y pensar cómo será la Argentina en 2034.

Negocios son negocios

El negocio más importante en la Argentina está alrededor del Estado. Es por eso que los que llegan al mismo no se quieren ir y los que están alrededor mantienen el sistema. ¿Cómo funciona? Es muy fácil: para cualquier cosa que alguna dependencia del estado tiene que comprar, una parte se la queda el funcionario (o grupo de funcionarios) y la otra se la queda el proveedor. Si una oficina tiene que comprar 100 lápices y los lápices cuestan 1 peso cada uno, el funcionario que hace la compra le pide al proveedor que los cobre 2 pesos cada uno. Luego de pasar por largo, burocrático y costoso proceso de licitación para hacer las compras del estado "transparente", el proveedor presenta la oferta por 200 pesos y consigue que otras dos empresas amigas coticen a 220 y 250 pesos. El precio más bajo gana. En la siguiente licitación el que presentó 220 presentará 200 y ganará, o sea, haceme un favor y más adelante te devuelvo el favor. (Nota: material obligatorio, en formato libro o película: El Padrino). El proveedor entrega los 100 lápices y recibe los 200 pesos que se reparte de la siguiente manera:

- 100 pesos costo original de los 100 lápices
- 50 pesos para el proveedor
- 50 pesos para el bolsillo del funcionario que hace la compra

El proveedor inventa en su contabilidad uno o varios gastos por 100 pesos y listo, le quedan 50 pesos que ganó sin trabajar. Este es el punto clave, una vez un político-sindicalista dijo en un programa de televisión: *"en la*

Argentina la plata no se hace trabajando". Se hace a costa del estado, o sea de los impuestos que pagan unos pocos ciudadanos y la parte legal de estos proveedores (todas las empresas argentinas tienen 2 contabilidades, una blanca y una negra, una oficial y una ilegal). Por mucho tiempo, desde que criticaba a mis padres por no pagar impuestos y aportes jubilatorios, estuve equivocado, ahora me doy cuenta que es inútil. Luego de 44 años, trabajando desde los 19, aprendí esto muy tarde. No porque lo fuera a hacer, al contrario, no puedo, siempre trabajé en blanco, tengo toda mi economía en blanco (si, ya se estarán dando cuenta que soy un idiota importante) y no puedo tolerar esta metodología o "modus operandi" para poner un término más acorde con la familia Corleone. Esto está instaurado, funciona así y este grupo de dirigentes, proveedores, sindicalistas y políticos manejan el país a su conveniencia, serán 100, 1.000, 10.000, 100.000 no importa, gobiernan y actúan para ellos, no para los 41 millones de argentinos.

A los gobernantes los elige el pueblo. Acá empieza la parte en que me dirían golpista, nazi para empezar. Parte de la plata "negra" que se obtiene del modus operandi explicado con los lápices (tengan en cuenta que el estado además de lápices, compra computadoras, software, construye represas hidroeléctricas, rutas, hospitales, escuelas) se utiliza para lo que se conoce como "asistencia social" y para mantener al "aparato político". Que no es ni más ni menos que darle plata a la gente para que los vote. En diferentes formatos, planes sociales, asistencia social, choripán y vino, transporte para los actos políticos. Dinero a cambio de militancia. Esto es en gran parte lo que hizo desaparecer la cultura del trabajo que trajeron nuestros antepasados de la Europa de la post guerra. Para que poner una panadería si el puntero del barrio nos consigue una caja pan gratis, y sin trabajar. Sin trabajar, como el proveedor hizo los 50 pesos extra en la venta de lápices y como otros hicieron millones vendiendo software, computadores, etc. Si en el ejemplo de los lápices la administración del modelo obtuvo 100 pesos sobre 200, ¿se pueden imaginar cuánto puede obtener con la construcción de una planta potabilizadora de agua que costó 6.800 millones de pesos? ¿o en la construcción de una represa hidroeléctrica de 5.500 millones de dólares? ¿O en la construcción de dos gasoductos, uno en el norte del país y otro en el sur?

Eso lo podemos imaginar. Yo lo que sí les puedo decir efectivamente, es con cuanto se queda un funcionario del área de sistemas de un gobierno municipal de la provincia de Buenos Aires (zona sur) cuando compra software: un 10%. O como un proyecto totalmente necesario y útil para la ciudad de Buenos Aires, como armar una red de sensores que miden el nivel de lluvia en los caños pluviales de la ciudad y como con software de simulación pueden anticipar datos de posibles inundaciones en la ciudad, tiene varias piezas de software totalmente innecesarias (pero muy costosas), pero que permite que se pueda generar el espacio para la parte negra. Y estoy hablando de una empresa norteamericana que tiene que cumplir con las normas más estrictas de transparencia. Como cotiza en la bolsa en Nueva York, está alcanzada por una serie de regulaciones específicamente diseñadas para evitar estos fraudes. Pero claro, acá siempre le "encontramos la vuelta". A lo largo de los años se va aprendiendo el lenguaje de los negocios: "encontrarle la vuelta" a un negocio es encontrar al "operador" correspondiente. El "operador" es la persona que "maneja" la licitación, la "arma para" un determinado proveedor o producto y es la pieza clave. Siempre que se va a hacer un negocio, hay que averiguar quién es el "operador" y si es "amigo". Eso es lo importante, después viene la parte del para qué es el proyecto, cuáles son las soluciones necesarias para el mismo, etc. Pero estas cosas en realidad son secundarias. Se puede tener un problema crítico (por ejemplo las inundaciones en la ciudad de Buenos Aires) y soluciones específicamente diseñadas para esa problemática, con proveedores especialistas en la problemática pero si no se conoce al "operador" o se "llega tarde" a la licitación (esto quiere decir que el pliego de licitación fue armado por otra empresa con el operador), entonces ya no importan los antecedentes, la excelencia de la solución, ni nada, el negocio está "operado" para otra empresa que en realidad no sabe nada de medir lluvia. Eso sí, vende lindos televisores de pantalla plana, mucho software y hardware, equipos de comunicación y aire acondicionado, pero conoce al "operador". Para mí, que trabajo en el diseño de la solución y que como ciudadano que quiere que la ciudad no se inunde, esto es muy frustrante. Cuando leo el pliego y veo los requerimientos innecesarios y veo que la parte necesaria para correr los modelos matemáticos de predicción ni siquiera está pedida, esa frustración se transforma en mucho enojo. Entonces, ¿para qué trabajar en el armado de una solución eficiente, de manera seria y profesional, si en realidad lo que importa es conocer al operador? Estas son las cosas que están haciendo que escriba esto. No tiene sentido trabajar con ética, con seriedad, a conciencia de que uno está dando lo mejor que tiene para que las cosas mejoren. No, hay que conocer al que "le encuentra la vuela".

Es importante aclarar en este punto que esta metodología no es exclusiva de los negocios con el estado, que la necesita para financiar, además de bonitos autos importados y casas en barrios cerrados, todo el aparato que soporta el modelo perverso de la corporación dirigente. Esta corporación tiene una componente privada importante y cómplice. Siempre que hay un negocio con el estado hay un privado participante. Y además, entre privados también hay operadores. Entonces si se le quiere vender una pieza de software, por ejemplo, a una importantísima empresa argentina fabricante de golosinas, hay que dejar un 10% en un operador (muy conocido en el mercado y con una trayectoria reconocida en importantes empresas privadas como un conglomerado de supermercados y tiendas chileno, la misma empresa de golosinas mediterranea y una empresa petrolera). Y si por alguna falla en el complejo proceso para eludir a Sarbanes y Oxley (que no son la dupla central del Manchester United sino los senadores americanos que escribieron las regulaciones después de los escándalos de fraudes multimillonarios tipo Enron), el operador recibe el 5% en lugar del 10% prometido, se te acaba la posibilidad de venderle al fabricante de golosinas de la provincia mediterránea. Por lo menos no me mandaron a matar, al estilo de la familia Corleone, pero si perdí la posibilidad de venderle por ese año (hasta que llegó otro negocio más grande y que el operador no podía hacer con otro proveedor). También he tenido que armar el proceso para que Sarbanes y Oxley no se dieran cuenta que cuando le vendíamos algo a la cadena de hamburguesas, el operador obtuviera su 10%. La diferencia es que este dinero queda en el mundo privado y no se usa para financiar a la corporación dirigente, sino para comprar mansiones en barrios privados, autos importados y viajar a Miami, principalmente. ¡Qué alivio! ¿No? Eso sí, las mansiones en los barrios privados figuran ante el fisco como terrenos baldíos para no pagar impuesto, vio? No sea cosa que no podamos ir a Miami en primera y comprar muchos peluches gigantes de Mickey y la casita de la Barbie. El señor siempre con una camisa abierta y varias cadenitas de oro (cuello y muñeca) y la señora con una Louis Vuitton y algún detalle animal print, unas calzas o una campera con capucha con piel (perdón no lo puedo evitar, no hay nada más argentino que hablar a los gritos en el aeropuerto de Miami, debo confesar que una vez en el aeropuerto de Miami negué mi nacionalidad y ante la pregunta de una argentina respondí: "I'm sorry i dont speak spanish").

Como verán hasta las más estrictas regulaciones pueden ser burladas. No me voy a poner a explicar el proceso porque es muy complejo, implica ventas entre empresas y mentir en la documentación interna para que sea compatible con las políticas súper estrictas diciendo que en realidad la empresa X por su niveles de influencia tuvo un rol fundamental en la venta, aunque en realidad la empresa X no existe (o es la empresa de algún amigo del mayorista) y se usa para que el dinero llegue al operador. Cumple el mismo rol que los gastos falsos que inventa el proveedor de lápices con los 100 pesos "extras" del primer ejemplo.

¡Ahhhh porque los yankies son unos santos! ¿Qué te creés que ellos no roban también? (es como que lo estoy escuchando, en la mesa de café, en el almuerzo, en el asado, típico argentino: si los otros lo hacen está bien).

Nuevamente digo que no me interesa lo que pasa en Estados Unidos, pero si les puedo decir que allá también pasa, de hecho las regulaciones aparecieron cuando descubrieron fraudes gigantes. Es más, por haber trabajado tanto tiempo en esa empresa tuve la suerte de viajar mucho y conocer a varias personas de allá y una vez un alto ejecutivo (el de más alta jerarquía que conocí) me dijo – confesó – que allá se sabía todo pero que no lo podían probar. Para mí probablemente no lo querían comprobar, pero eso es otro tema, como les dije, esto se trata de Argentina, no del resto del mundo.

Hablando de este tema me he encontrado con gente que, como siempre, intenta justificar este tipo de acciones. En este caso, el de los negocios privados, existen este tipo de intermediarios, facilitadores de relaciones, mejor conocidos como "lobistas" (viene del inglés **lobby**). Yo no estoy diciendo que esto está mal ni bien, como ya aclaré más de una vez a lo largo del escrito, sino que no me parece ético que una persona que tiene un trabajo, por el cual gana un sueldo, utilice su posición para generar ingresos extras a partir de una metodología oscura, o "negra". Si un lobista gana mucha plata haciendo lobby (su trabajo) no me preocupa, lo que yo estoy queriendo marcar es: ¿por qué el Director de Sistemas de un grupo de bancos provinciales de Argentina, que debe tener un muy buen sueldo como tal, tiene que ganar dinero "extra" cuando compra software a la empresa multinacional? (siempre a través de un socio, operador, y todo el mecanismo que expliqué anteriormente para eludir a Sarbanes y Oxley).

Tan instaurada está la economía negra que para comprar un departamento hoy en Argentina hay que **"ennegrecer"** la plata para poder hacer la operación. ¿¿¿¿¿Qué?????? Si, así como lo leen. Las transacciones inmobiliarias en

Argentina se hacen en dólares (en realidad todo en Argentina se rige por el dólar). En este momento del ciclo estamos en la etapa pre-explosión de la economía, no hay dólares entonces hay control cambiario, no se pueden comprar dólares, aparece el mercado negro o dólar paralelo (hoy se llama dólar blue, un nombre más canchero para algo que existió siempre que se instauró un control de cambio). En la teoría todo se hace en pesos pero en la práctica todo se hace en dólares. Los precios bajan con tal de obtener dólar "billete", un departamento que vale 95.000 dólares en el aviso, termina costando 80.000 dólares "billete". Así fue entonces como el 21 de enero de 2014 me dirigí a la sucursal del Citibank más cercana a la "cueva" amiga. La "cueva" es el lugar donde se hacen las operaciones de compra y venta de dólares en el mercado negro (si, ok, blue ahora). Hay que llegar a ellas por contactos (ojo, no hay que ser un relaciones públicas o tener más de mil amigos en Facebook para conseguirlo, lo más probable es que el negocio que vende camisas en la galería comercial de la esquina, compre y venda dólares – por ejemplo, en la esquina de Santa Fe y Scalabrini Ortiz es así). Como era una operación grande busque una cueva un poco más "seria" (son financiera o casa de bolsa) y una sucursal del Citibank lo más cercana posible, tenía que llenar una mochila con billetes y salir caminado por Florida cual si fuera un narcotraficante (Nota: esto es un sarcasmo porque en esa época el gobierno decía que los que compraban dólares eran "narcotraficantes"). Fueron tres cuadras de plena adrenalina. Caminar por la calle con una mochila llena de billetes, los ahorros de muchos años de trabajo, luego de muchos impuestos pagados, estaban cambiando de color, del blanco del sistema legal al negro del sistema de los narcotraficantes. Y todo para poder comprar un departamento, que en definitiva es la única inversión segura en Argentina. El "ladrillo" es la única inversión que da seguridad a través de los ciclos económicos, esto lo sabe todo argentino ministro de economía al que le pregunten. En el ascensor oscuro para llegar al 3ro C ya la adrenalina se transformó en miedo (en realidad terror, porque miedo ya tenía bastante por la calle, tanto que me confundí la calle Esmeralda con Maipú). Toqué el timbre: *"hola, vengo de parte de Guillermo"*, *"Si, pasá"*, se abre la puerta y me siento en una sala de espera vacía (¡¡¡Horrible!!!). Suena otro timbre se abre una puerta y una chica me hace pasar a una sala con una mesa y dos sillas, me pregunta cuantos dólares quería, se va y al ratito vuelve con los "billetes". Luego de contarlos (los dólares se cuentan a mano porque en la máquina solo cuenta pesos) me fui, mucho más liviano porque dejé 4.000 billetes y me fui con 400. Esta transacción le generó a la "cueva" ingresos negros (ilegales) que no creo que se hayan usado para pagar los sueldos de los maestros o comprar gasas y vendas para los hospitales. Diez días después se hizo la escritura, pagué más impuestos (el de los sellos) y me fui con la llave. Ahora tengo que "blanquearlo" en la declaración de Bienes Personales y, por supuesto, pagar más impuestos. Y si, lo voy a hacer, soy un idiota.

Caso Telecom: la evolución del modelo

Una de las cosas que más me llamó la atención hace unos años fue escuchar de alguien muy cercano a mi familia (muy cercana a uno de mis hijos) y que trabaja en una empresa contratista del estado: *"Lo que están robando en este gobierno no lo robaron nunca".* Y hablaba con conocimiento de causa, no como el mito popular de que este gobierno cambio el famoso *"Diego"* (10% de coima, el estándar hasta ese momento) por el *"Celular"* (si no le ponen el 15 adelante no funciona). Hoy, varios años después, resulta que todo eso se está comprobando. Además de que no les alcanzó con subir las coimas del 10% al 15%, crearon un nuevo "modus operandi": ser socios en los negocios, o sea hacer la coima recurrente. El modelo evolucionó.

A fines de los ochenta, un amigo de la familia, el portugués, dijo una frase que me quedó grabada, hablando de la hiperinflación, la crisis del fin de gobierno de Alfonsín y el futuro: *"Igual ahora vienen los peronchos, prenden la maquinita y solucionan todo".* Primero que nada aclaro que peroncho es una manera de llamar a los peronistas que puede sonar despectiva pero así fue como lo dijo él y como dije repetidas veces a lo largo del escrito, no es mi intención hacer juicios de valor sino basarme en hechos. La maquinita es la imprenta de billetes y es también una de las frases que representan a la Argentina de los últimos 50 años:

- Si falta plata la imprimimos
- *¡Pero no tienen respaldo! ¡Genera inflación!* Gritan algunos

- No importa, dale hasta que explote que lo arregla el próximo

Esta práctica ya es conocida por cualquier argentino ministro de economía, esos que podemos encontrar de a miles manejando un taxi o sirviendo café en algún bar. También es conocida por un irlandés en un pub de Dublin, quien luego de invitarme una Guinness, fue bien claro en su diagnóstico: *"Argentina has to stop printing money"*. Los economistas de verdad también lo saben, incluso saben la solución, que no es más que pensar un proyecto a largo plazo, o como yo lo digo: *¿cómo será la Argentina en 2034?* Hoy estamos a mediados de 2014, con alta inflación, sin dólares, a punto de no poder pagar las deudas, y con el vicepresidente de la Nación que está siendo indagado por la justicia y cerca de ser procesado por irregularidades en la quiebra y compra de una imprenta que entre otras cosas imprime billetes. Parece que el tipo usó su posición en el gobierno para favorecer la compra de la empresa por parte de un grupo de amigos que a su vez parece que son socios. O sea, se compraron *la maquinita*. El modelo evolucionó.

Pero para mí, otro de los casos que representa muy bien la evolución del modelo es el de la compañía de teléfonos. Hace mucho tiempo (fines de los 80's) solo había una compañía de teléfonos y era propiedad del Estado Argentino, se llamaba Entel (Empresa Nacional de Telecomunicaciones) y fue creada en 1946 tras el proceso de nacionalización del gobierno de Perón. Luego de uno de los típicos ciclos argentinos, en 1989 después de una inflación descontrolada (llamada hiperinflación), devaluación de la moneda, saqueos en supermercados, la gente protestando en las calles y la salida de un presidente del partido Radical antes de tiempo, llegó un nuevo gobierno peronista. (Nota: si a la oración anterior le cambian 1989 por 2001 todo lo demás es tal cual). Ese gobierno implementó una política económica que incluía la privatización de las empresas del estado, o sea, darle la administración de los servicios públicos a empresas privadas (no es la idea emitir juicios de valor sobre las acciones del pasado, si esto es bueno o malo, hay libros enteros y miles de economistas que pueden discutir años sin ponerse de acuerdo, solo quiero aclarar que es lo contrario que se hizo en el 46 en el gobierno de Perón). Por supuesto que fue un negocio muy grande, se dividió la empresa en dos, la parte norte del país y la parte sur) y se hizo una licitación internacional (este es el proceso de compras del estado para todo, desde lápices hasta empresas de telecomunicaciones). Dos empresas extranjeras (asociadas con empresas argentinas) resultaron adjudicadas, una de ellas era una empresa norteamericana que *misteriosamente* de un día para el otro se retiró siendo reemplazada por una sociedad entre una empresa francesa y una italiana. Como les explique antes, siempre que hay un negocio con el estado hay una parte, cuota, coima o como quieran llamarlo que se queda en el despacho de algún funcionario público. En este caso el *misterio* fue que la empresa norteamericana no pagó este concepto de 6 millones de dólares por lo que cuando se retiraron del despacho del ministerio de obras públicas, en la oficina contigua estaban los franceses y los italianos "listos para firmar". Acá seguramente me tildarán de ¡yankie imperialista! *¿Qué te pensás que los yankies son unos santos?* Nuevamente aclaro que estoy escribiendo sobre la Argentina, no defendiendo a ninguna empresa ni a ningún otro país. De hecho otra empresa norteamericana si accedió en otro negocio muy conocido con el Banco

Nación, que terminó muy mal para algunos pocos, especialmente para el contacto entre el Banco y la empresa que apareció *suicidado* en la Ciudad Universitaria cerca del Río de la Plata, lugar "muy" habitual para un suicidio. Esta pérdida permitió que nadie del gobierno fuera preso, solo fueron condenados a prisión en suspenso (no fueron a la cárcel). Hacer negocios con el estado parece fácil pero puede ser muy peligroso (Nota: repito, ver y/o leer El Padrino).

Volviendo a los teléfonos, alguien se quedó con 6 millones de dólares y todo continuó. Acá vale la pena hablar bien del país. La funcionaria que era la interventora de Entel es uno de los pocos funcionarios condenados por ¡¡¡¡¡enriquecimiento ilícito!!!!! No fue a la cárcel todavía porque las sentencias (son dos causas) no están firmes (¿qué faltará? – me pregunto). Entre 1983 y 2007 se calcula que este negocio negro alrededor del estado fue de 13.000 millones de dólares, hubo 750 causas judiciales y 10 condenados (creo que esto no es hablar bien de Argentina ¿No?, otro sarcasmo).

Lo que cierra el caso como muestra de la evolución del modelo es como diez años después (después de otro ciclo) el gobierno peronista que llegó con el 22% de los votos después de que un presidente radical se fue antes de tiempo en el 2001, implemento una política de nacionalización (retrocedemos 60 años a 1946, ¿se acuerdan?). En este marco, ya sin tanta formalidad, licitaciones públicas, ni nada por el estilo, con muchísima más impunidad (esta es la palabra que define los últimos años de evolución del modelo) en un almuerzo, el matrimonio gobernante le ofreció a un empresario hacerse cargo de la parte norte de la empresa de los teléfonos a cambio de 10 millones de dólares. Más impunidad, más plata para el negocio, menos complicaciones en los procesos de compra, nada de ideologías ni proyectos políticos, en resumen, el modelo evolucionado.

Esta transacción no se hizo. Hoy la parte norte de la empresa la compró un empresario mexicano. ¿Habrán sido 10 millones?

El presente

Con cada iteración del ciclo el modelo se va perfeccionando como mencionaba en ejemplos anteriores. El ciclo se hace más eficiente para la corporación dirigente mientras que para el resto, me parece que se hace más cruel. O por lo menos es lo que yo observo en los últimos años. Las divisiones se profundizan, la violencia es cada vez mayor. En este tiempo, la bipolaridad es ser Kirchnerista o anti Kichneristas, K o anti K. Le estrategia del enfrentamiento y la violencia ha llevado a que no se pueda hablar de política, a que familias se peleen y no puedan compartir más las comidas del fin de semana, a que personas no sean recibidas en algunas casas, que en los almuerzos en los grupos de trabajo no se pueda hablar de política, que se hayan roto amistades. Se ha llegado a un extremo (¿otra vez el extremismo no?), a un fundamentalismo que cada vez genera más y más violencia. Es como un ciclo que se va potenciando cada vez más. En el camino, la violencia está cada vez más cerca de todos. En los semáforos de la avenida Libertador donde te roban y golpean en plena luz del día, en los estadios de futbol a donde no pueden asistir los simpatizantes visitantes, donde la gente te insulta (y te califica como opositor) por andar en bicicleta. Es importante destacar que estos hechos fueron vividos por mí o por gente muy cercana a la que le vi la cara ensangrentada después de una golpiza por un intento de robo frustrado. No lo leí en ningún diario. Porque otra de las cosas que se marcaron es la polarización en las noticias, el enfrentamiento por el control de los medios de comunicación hizo que hoy si se lee un diario (Clarín) sos anti k, enemigo del modelo, miembro del grupo oligárquico que destruyó al país. Si se lee otro diario (son varios los oficialistas) es como estar viviendo en Australia o Canadá, donde todo lo malo que pasa es culpa de Macri (Jefe de Gobierno de la Ciudad de Buenos Aires, opositor al gobierno). Esta es otra de las cosas que me hacen acordar al fascismo y a Goebbels que hacía películas de héroes alemanes en el frente de batalla y la superioridad de la raza aria mientras su ejército era masacrado luego del sitio de Leningrado.

Hoy la sociedad está enfrentada, la violencia se ve en la calle. Hace un par de domingos caminando por Libertador y Austria al mediodía presencie un robo, de esos que están de moda, un ladrón forcejeando con una persona en la vereda tratando de robarle y la moto esperando para escapar. Todo esto un domingo al mediodía en una de las avenidas más transitadas de Buenos Aires. Impunidad total. Recuerdo que en el momento me salió la necesidad de hacer algo, de defender a la persona golpeada, de tratar de impedir el paso de la moto, pero yo estaba con mi hijo de 3 meses en el cochecito. La sensación de impotencia y la indignación son tan grandes que generan una iniciativa de reacción. En mi caso no hice nada no solo por estar con mi hijo pequeño sino porque creo que esto lo único que hace es provocar más violencia. Unas semanas más tarde se sucedieron en el país varios hechos de reacción de la gente, golpeando a ladrones atrapados en el acto delictivo, provocando linchamientos e incluso la muerte de uno de los ladrones. Como si estuviéramos viviendo en la prehistoria, sin ley, sin respeto por nada. Esto solamente va a generar más violencia. Es por eso que no reaccioné en el robo del que fui testigo. Ahora los ladrones van a reaccionar a la reacción, con armas o con refuerzos (en el

62

subte los "pungas" siempre tienen soporte de gente que ataca a los pasajeros que reaccionan, al grito de "buchón") y así sucesivamente hasta que la gente se mate a tiros por la calle.

La reacción de la presidenta ante estos hechos fue consistente con lo que se viene gestando en este último ciclo, más división. Usando una retórica confusa que se me hace muy difícil de explicar, empezó diciendo que no se necesitan voces de venganza y terminó justificando que si los marginados sienten que la sociedad valora su vida en dos pesos, no le podemos pedir a ellos que valoren al resto de la sociedad en más de dos pesos. A mi esta reacción me parece tremenda y que lo que hace es generar más enfrentamiento y violencia. Igual creo que siempre que un político habla no está hablando para mí, sino para el 35% de la masa cautiva (¿esclavizada?) votante. Justificando la diferencia, el odio y el enfrentamiento, ellos son los malos, los que viven en Palermo y Recoleta, los que apoyaron la dictadura y los monopolios. Ellos son los culpables de todo. Mientras lo mantengan así, van a seguir ganando las elecciones o haciendo que ganen los que más les conviene. ¿Cómo es esto? Siempre que hay que salir de estos pozos que generan los ciclos, cuando la situación se descontrola, la inflación, la devaluación, viene el período de ajuste. La plata se acaba, se acaba la fiesta y hay que ajustar los gastos, todos los gastos. El período que viene será de este estilo y no sería para nada extraño que el que gane las elecciones del 2015 sea un no peronista. Yo ya he escuchado que existe la posibilidad de un pacto para que Macri (no peronista) sea el próximo presidente. ¿Como? Si para que tenga que hacer el ajuste, haga la peor parte y ellos puedan volver al poder en 2019 (¿o antes?). Acá viene otra vez la acusación de anti peronista, gorila corporativo, imperialista. Simplemente digo que nunca un presidente constitucional (elegido por la gente) no peronista terminó su mandato. Son Frondizi, Illia, Alfonsín y De La Rua. ¿Por qué no puede ser Macri el próximo? Y cuando volvemos a ser el granero del mundo y generar miles de millones de dólares vendiendo soja al mundo, volvemos al poder a repartir parte de esos dólares y a seguir la rueda de la riqueza electoral. La gente común pasa dos años contando los pesos que generan su trabajo, cuidándolos al máximo, en muchísimos casos comiendo lo mínimo indispensable mientras los miembros de la corporación dirigente la pasa disfrutando con todo lo ahorrado en la parte virtuosa del ciclo. La corporación y su funcionamiento perverso y perfecto (para ellos).

El futuro

El mismo político-sindicalista, en realidad vamos a decirle miembro de la corporación dirigente, que decía que en este país la plata no se hace trabajando, propuso que *"hay que dejar de robar por dos años"*. Este es el nivel de impunidad que hay en este país, todos saben lo que pasa y nadie hace nada. Acá es donde viene el adjetivo de nazi para mí. En realidad el "todos" es la corporación dirigente. Hay algunos que estamos afuera pero tenemos algo de capacidad de entendimiento, algún camino recorrido en la vida y un nivel de educación que es lo que nos permite llegar a escribir algo como esto. Y justamente la educación es el punto clave que cierra la perfección del modelo perverso de la corporación dirigente. Al principio dije que no existían los modelos perfectos, es cierto, porque no se puede encontrar algo que funcione siempre para todos, básicamente porque el "todos" y el "siempre" no existen. Este modelo perverso es perfecto para los miembros de la corporación, no para el resto, o sea, es perfecto para una minoría. La educación, o más bien la falta de educación, es lo que permite que mucha gente, o por lo menos el 35% de la masa votante, sea engañada, adormecida, esclavizada (acá sí que recibiría insultos si llego a decir esto en público) y siga votando siempre a los mismos. Y si el ganador de las últimas elecciones gracias a su discurso de cambio y renovación, hasta su partido se llama frente RENOVADOR, lo primero que hace cuando llega a su lugar de operaciones es abrazar y festejar el triunfo con la misma persona que en el 2001 organizó los saqueos que terminaron derrocando al gobierno, ¿de qué renovación y cambio nos hablan? O sino están los otros, los jóvenes que representan el futuro del modelo actual. Estos ya están más organizados como mafia. Usan a los jóvenes como base de su poder (entiendo como poder la capacidad de dirigir los principales organismos del país), organizados con mucha pasión, como si fueran un club de fútbol para el caso, donde se paga una cuota y se deja todo en la cancha por la camisa. Otra vez usando la pasión como instrumento de ceguera para la razón, pasión a fondo sin pensar, sin entender y para el rival, el enemigo, la muerte. Un ejemplo que para mí grafica muy bien el manejo, la manipulación del poder para beneficio propio, por parte de esta organización en este caso, son las inundaciones de La Plata del 2 de abril de 2013. Ese día llovió mucho y la ciudad de La Plata y sus alrededores se inundaron, dejando muchas muertes, evacuados y pérdidas millonarias. En seguida apareció la necesidad de ayuda y por supuesto los políticos intentando sacar redito en imagen positiva. Esta asociación juvenil que es el futuro de la política en Argentina como está muy bien organizada reaccionó rápidamente y se movilizó tomando el control de la distribución de la ayuda. Hasta aquí parece muy loable de su parte si no fuera por el hecho de que lo que buscaban era que su imagen positiva se beneficiara. Tan importante era la imagen que todos los ayudantes tenían que estar con la remera o pechera que identificara a la asociación antes que nada. Hasta hubo algún periodista que perdió su trabajo en la televisión del estado por preguntarle al líder de esa organización porque los ayudantes voluntarios en un momento de crisis estaban haciendo propaganda política de su organización. Si uno piensa que los políticos no tienen escrúpulos y aprovechan estas situaciones de dolor para beneficio propio hasta puede llegar a aceptar esto como parte del juego democrático (¿¡?¡?¡?¡?¡?¡). La gente estaba aislada, había perdido todo, su casa, sus pertenencias, hubo muertos, desaparecidos, mucha desesperación, es difícil imaginar a la gente en esa situación y se valora mucho a la gente que intenta ayudar en esos casos, pero porque lo siente, no para beneficio propio. De esa gente hubo también. Como en uno de los clubes de fútbol de la ciudad, que también juntó alimentos, colchones, ropa seca y abrigo para llevar a los damnificados. También consiguieron un par de camiones para repartir las cosas. Lo que es muy difícil de entender (o no ya a esta altura del escrito) es que uno de los camiones haya sido interceptado por integrantes de esta organización (el nombre es "La Campora") que les exigió a las tres personas que iban en el camión que se pusieran pecheras que los identificaran con la misma. Ante el rechazo por parte de los voluntarios, la situación se puso más violenta, aparecieron más personas, rodearon el camión, con palos amenazaron a los voluntarios del camión: o se ponen las pecheras o no pasan. No pasaron, el camión lleno de cosas para ayudar a los damnificados, en una situación de crisis, de tragedia, desesperación y muerte no pudo llegar. Era más importante la imagen de la organización política del futuro que ayudar a la gente que estaba viviendo la situación más traumática de su vida. Cuando un amigo mío, uno de los que iba en el camión, me lo contaba, se le quebraba la voz. Conozco a mi amigo y sé que si no se bajó a pelear es porque realmente eran muchos y hubiera sido peligroso para él. Su impotencia es lo que siente mucha gente ante este sistema político perverso (antes que venga el grito de ¡¡*golpista!!* aclaro que no es la democracia lo que estoy criticando, es la democracia argentina). Esa es la nueva vieja política, o sea, lo jóvenes tomando la posta de la dirigencia de la corporación, así será el futuro.

La nueva militancia está de moda. Se muestra como intelectual, moderna y por sobre todas las cosas apasionada. La imagen de la presidenta arengando desde un balcón a un grupo de jóvenes que cantan canciones de cancha, con bombos y trompetas me recuerda mucho justamente a la tribuna del estadio de futbol, donde los jefes de la barra brava, de espalda al partido, arengan al resto de la tribuna, el partido no importa, lo que importa es el aliento, la muestra de pasión y amor incondicional, hacer ruido y mostrar poder, acá estamos, y si, a los rivales los matamos si es necesario. NOTA: no fue mi intención compara a la presidenta con la jefa de una barra brava, pero salió así, y no está mal la analogía. Así son los nuevos militantes, pasionales, intolerantes, prepotentes y violentos. Si no estás con nosotros, estás contra nosotros. Eso sí, la hipocresía también la tienen bien incorporada porque está bien ser militante, hablar y hablar y hablar de política, descalificar a los que piensan distinto y menospreciar a los que no se involucran, pero no me toquen la cuanta en Montevideo donde la empresa extranjera me deposita mi sueldo en euros. O ¿cómo? ¿Hay que declarar la casa y pagar impuestos? ¿Qué es Bienes Personales?

La influencia de la tecnología en la vida diaria es cada vez mayor. La dependencia de la vida de las personas y el uso de las herramientas tecnológicas crece permanente, haciendo que una gran cantidad de personas "vivan" en la red y los políticos no pueden dejar pasar esta oportunidad. Es muy conocido el caso de las rebeliones democráticas contra los dictadores del mundo árabe en los últimos años, en las que las redes sociales fueron el "lugar donde se gestaron" las acciones. A partir de estas cosas, los políticos entendieron que estas nuevas herramientas eran muy poderosas y se volcaron a su explotación. Un ejemplo de estos es el actual presidente de Estados Unidos, que utilizó las redes en sus campañas y las usa habitualmente en su gestión. En el terreno local, por supuesto, la corporación dirigente utiliza todo esta novedad para su beneficio; se puede ver, está expuesto permanentemente en los medios de comunicación (las redes sociales hoy son uno de los principales medios de comunicación, como la televisión, la radio y los diarios). Lo que no se puede ver es como en una provincia del norte de argentina, una muy linda, una empresa de tecnología informática muy cercana al gobierno (nunca me supieron explicar porque para vender tecnología al gobierno había que ir a una empresa privada), trabaja intensamente en el desarrollo de tecnología que les permita entender la situación actual, a lo largo de toda la provincia, para poder tomar decisiones. Hasta acá todo muy loable, salvo el hecho de que la empresa privada es parte del gobierno ("¡¡¡¡¡Es lo mismo!!!!!" me dijeron una vez), y se podría decir que está bueno que se utilicen los avances tecnológicos para beneficio de la población. Lamentablemente, una vez más, la corporación hace de las suyas y utiliza está información para hacer obras puntuales para revertir la imagen de los candidatos. Durante la campaña electoral para las últimas elecciones (2013) estudiaron las zonas en las que los candidatos tenían imagen negativa, que cosas eran las que preocupaban a la gente, la inseguridad por ejemplo, y generaban obras y actos donde esos candidatos inauguraban alumbrados públicos, por ejemplo. Esto me podrán decir que no es una práctica nueva, y es cierto, pero lo que sí es nuevo es la incorporación tecnológica. Hoy en día, se pueden generar estas acciones, inventar candidatos, hacer propaganda, todo *"online"*. ¿Se podría utilizar esto para saber dónde se necesitan cloacas, centros de salud y escuelas para los ciudadanos? Por supuesto que sí, y seguramente se usa, ahora bien, si se puede utilizar para beneficio de la corporación, para perdurar en el poder, entonces adelante. Nada de pensar que va a necesitar la gente en 2034. Primero la corporación, primero salvarse, primero la impunidad. Este último punto no es menor, uno de los candidatos de la linda provincia del norte enfrentaba perder su banca de senador y con eso sus *"fueros parlamentarios"*, una especie de inmunidad para delinquir desde el poder. Llegado ese momento, el senador debería enfrentar una gran cantidad de causas judiciales que acumuló en su larga trayectoria como funcionario público, incluyendo la de gobernador. Por suerte, los mecanismos de protección de la corporación para sus miembros son muy eficientes y el senador logró ser reelecto, y los avances tecnológicos fueron fundamentales para lograrlo.

Epílogo

Tan perfecto es el modelo que la minoría educada que tiene la capacidad de entender todo esto lo único que puede hacer es emigrar. En un tiempo ya no quedará nadie con esta capacidad, la corporación dirigente seguirá gobernando sin problemas y el resto de la plebe, esclavizada y sometida. Este modelo a mí me suena mucho a las monarquías europeas del siglo XVIII. ¿Terminará en algún momento un rey sin cabeza en la Plaza de Mayo?

Las vueltas de la historia, ahora entiendo a San Martín que decía que América no estaba culturalmente preparada para importar las ideas de la ilustración europea y que había que traer un monarca junto con ellas. Acá es donde seguramente me calificarían de imperialista diciendo que San Martín estaba trabajando para los ingleses. Y así sucesivamente, todas las ideas que uno puede exponer y someter a discusión son descalificadas porque o sos de River o de Boca, no hay intermedio, no hay espacio para el dialogo, y para mí todo esto es falta de libertad.

¿San Martín fue el padre de la patria o un espía inglés? (¿Era de River o de Boca?). Eso es lo importante, no tratar de entender la historia, los acontecimientos en ese momento, la política. El tipo se fue a hacer la carrera militar a España, volvió, estuvo 11 años en América, liberó Chile y Perú y se volvió a ir a morir a Europa, pero antes había mandado a su hija a estudiar, a educarse a Bélgica. Entendió que este no era el lugar para su hija, y yo siguiendo este ejemplo, escribo esto para que mis hijos entiendan que yo creo que la mejor opción para ellos es irse a vivir a otro país.

Como dije al principio, la opinión de un padre tiene una autoridad diferente ante los hijos que cualquier otra opinión. Entiendo y me hago responsable de esto, pero vuelvo a remarcar que todas estas cosas me pasaron a MI y generaron cosas en MI a partir de MIS interpretaciones. Mis hijos deberán ir construyendo SU vida a partir de SUS interpretaciones. Espero que eso les sirva de algo.

www.ingramcontent.com/pod-product-compliance
Lightning Source LLC
Chambersburg PA
CBHW050605280326
41933CB00011B/1994